AF509099

L'APPARITION
DE LA SAINTE VIERGE

A LA GROTTE DE LOURDES, PRÈS TARBES

CONSIDÉRÉE AU POINT DE VUE DE L'ART CHRÉTIEN

Par un Prêtre du Diocèse de Bordeaux.

Prix : 50 c. au profit du Sanctuaire.

BORDEAUX

TYPOGRAPHIE Vᵉ JUSTIN DUPUY & COMP.

rue Gouvion, 20.

1862

L'APPARITION DE LA SAINTE VIERGE

A LA GROTTE DE LOURDES, PRÈS TARBES,

CONSIDÉRÉE AU POINT DE VUE DE L'ART CHRÉTIEN.

1. *Précis du fait historique de l'apparition* (1). — Dans la seconde quinzaine de février 1858, le bruit se répandit à Lourdes, qu'une enfant de cette commune, Bernadette Soubirous, âgée de quatorze ans, venait d'être favorisée de plusieurs apparitions de la Sainte Vierge, à une grotte peu éloignée du Fort et dont la base est baignée par le Gave de Pau. Sur ces entrefaites, une fontaine aurait surgi à l'intérieur de la grotte, et cette eau, prise en boisson ou en lotion, aurait eu la vertu d'opérer des guérisons extraordinaires. Bientôt on se rendit à Lourdes, en pèlerinage, de toutes les contrées voisines, et Mgr Laurence, évêque de Tarbes, fut prié par ses diocésains de porter un jugement sur la vision de Bernadette.

Le vénérable Prélat commença par instituer, le 28 juillet de la même année, une Commission composée d'ecclésiastiques et de chimistes, pour examiner les faits qui s'étaient produits dans la grotte de Lourdes ou à son occasion. Les premiers reconnurent en la jeune bergère une

(1) Voir la *Notice* rédigée par M. l'abbé Fourcade, secrétaire de la Commission et de l'évêché de Tarbes.

sincérité parfaite. Les chimistes, entre autres M. Filhol, professeur à la Faculté des sciences de Toulouse, déclarèrent que l'eau de la nouvelle source était une eau potable, mais qu'elle ne renfermait aucune substance capable de lui donner des propriétés thérapeutiques marquées ; donc, si des guérisons accompagnaient son usage, dans des cas où les ressources de l'art étaient en défaut, il fallait y voir *le doigt de Dieu*.

Cependant l'apparition de la Vierge continuait à recevoir du ciel ses lettres de créance. Non seulement de Lourdes et des autres points du diocèse, mais encore de plusieurs contrées de la France et de l'Etranger, il parvint à l'évêché de Tarbes les plus graves attestations de cures opérées par l'eau de la grotte. M. Bermond, un des plus honorables docteurs de notre cité, les a corroborées de son aveu loyal et désintéressé, au sujet de guérisons qu'il avait réputées *naturellement* impossibles. En présence de ces faits irrécusables, qui forçaient les plus incrédules à s'écrier : *Testimonia tua credibilia facta sunt nimis* (1), de nouvelles instances furent adressées à Mᵍʳ Laurence, pour un jugement définitif. C'était le vœu des populations, c'était le cri de leur foi profonde et convaincue. Or, la voix du peuple, en pareil cas, n'est-ce pas la voix de Dieu ? Aussi Monseigneur, après avoir multiplié les enquêtes et pondéré toutes choses dans la balance du sanctuaire, pendant plus de quatre ans, n'hésita plus à se prononcer. Le 18 janvier 1862, fête de la Chaire de saint Pierre à Rome, Sa Grandeur publia une Ordonnance motivée dont voici les deux premiers articles :

« Nous jugeons que l'Immaculée Marie, Mère de Dieu, a réellement apparu à Bernadette Soubirous, le 11 février 1858 et jours suivants, au nombre de dix-huit fois, dans la grotte de Massavielle, près la ville de Lourdes ;

(1) Seigneur, vos témoignages sont éminemment dignes de foi. Ps. XCII

que cette apparition revêt tous les caractères de la vérité, et que les fidèles sont fondés à la croire certaine. — Nous soumettons humblement notre jugement à celui du Souverain Pontife, qui est chargé de gouverner l'Église universelle.

. » Nous autorisons, dans notre diocèse, le culte de Notre-Dame de la grotte de Lourdes, etc. » Par conséquent, ce culte repose sur des faits incontestables, autrement il serait superstitieux, et Mᵍʳ de Tarbes, qui d'ailleurs avait grâce d'état pour décider la question en premier ressort, ne l'a résolue qu'après un mûr examen. D'un autre côté, il s'est entouré de trop de lumières pour que l'adhésion des fidèles à son Ordonnance ne fût pas raisonnable : *rationabile obsequium.*

Les voix unies de l'autorité, de la science et du ciel nous sont connues ; il ne reste plus qu'à les recueillir avec déférence, ou plutôt avec bonheur. Sans doute, l'Apparition ne rentre pas dans le dépôt des révélations faites à l'Eglise. On peut la nier sans être le moins du monde hérétique, ni cesser d'être bon catholique. Mais quelle témérité n'y aurait-il pas à taxer de fable et d'illusion un récit appuyé sur de telles preuves! Elles me semblent répondre à toutes les exigences qui font la valeur du témoignage humain. Et puis, le Saint-Siége, à qui la cause a été déférée, condamne-t-il le culte rendu à Notre-Dame de Lourdes? Non certes ; et nous oserions le condamner! Il est vrai que le silence, gardé toujours en pareil cas par le Saint-Siége, ne saurait équivaloir à une reconnaissance formelle de l'Apparition ; mais n'est-ce point le lieu de rappeler l'axiome : Celui qui se tait, quand il devrait parler, paraît consentir? — Donc, ayons foi à Notre-Dame de Lourdes, et croyons que le bras de Dieu n'est pas raccourci.

II. *Preuve tirée de la description faite par Bernadette de l'Immaculée Conception.* — **D'après** la Notice de M. l'abbé Fourcade, cette jeune fille a vu la Sainte Vierge vêtue d'une robe blanche, que retenait une ceinture bleue, avec un voile blanc sur la tête, une rose jaune sur chacun de ses pieds, et, dans ses mains jointes, mais abaissées, un chapelet aux grains blancs, chaîne d'or du plus grand éclat. — En outre, Bernadette n'ayant cessé de demander à l'Apparition qui elle était, en reçut pour réponse, le 25 mars : « Je suis l'Immaculée Conception. » Ce fut l'avant-dernière fois que la Vierge lui apparut, et ce jour-là coïncidait avec la fête de l'Annonciation, rapprochement que nous ne perdrons pas de vue. — Enfin l'aimable Marie s'est toujours montrée à l'enfant avec un visage radieux et souriant : nouvelle circonstance sur laquelle nous reviendrons.

Mais avant de chercher dans cette description abrégée, d'abord la preuve de l'apparition, puis les éléments d'une bonne représentation ou d'un excellent type du privilége originel de Marie, complétons le récit de Bernadette par celui d'une visite que je lui ai faite en compagnie de M. Rouy, de Bordeaux, et en présence de M*** la Supérieure de l'hospice de Lourdes.

M. Rouy commença par lui demander de tracer le signe de la croix, comme elle l'avait vu faire à la Sainte Vierge, lors de la première apparition. Bernadette refuse avec politesse et modestie, alléguant pour raison que c'est impossible, qu'elle n'y parviendrait jamais. M. Rouy insiste : « Je ne vous prie pas de tracer le signe de la croix *aussi bien* que la bonne Vierge, mais *à peu près*. » L'enfant répond que *cet à peu près* serait également au-dessus de ses forces et de toute son application.

Prenant à mon tour la parole, je lui pose les questions suivantes :

« L'Apparition avait-elle un manteau sur les épaules ou

une écharpe autour du cou ? » — Non, monsieur, mais sa robe était montante, bien colletée, et serrée autour des reins par une ceinture bleue dont les bouts retombaient par devant.

« De quelle couleur étaient les roses placées sur ses pieds ? » — Comme la chaîne du chapelet : jaunes et brillantes comme de l'or.

« Savez-vous la signification de ces roses ? » — Non, monsieur.

« Avez-vous remarqué la nuance des cheveux de la Sainte Vierge ? » — Je n'y ai pas fait attention : d'ailleurs son voile les recouvrait presque entièrement.

« Quel geste a-t-elle fait en vous disant : *Je suis l'Immaculée Conception ?* » — (A ces mots, Bernadette se lève, étend les bras à la manière dont on a représenté la Vierge immaculée de 1830 à 1854 (1); puis, portant les mains à la hauteur de sa tête, et les rejoignant devant la poitrine, elle répond : C'est ainsi qu'elle a fait).

« Est-ce que des rayons jaillissaient des mains de la Sainte Vierge ? » — Non, monsieur; elle n'avait qu'un chapelet dont elle roulait les grains entre ses doigts, mais sans remuer les lèvres. Seulement elle a passé ce chapelet au poignet droit, quand elle a étendu les mains et les a levées vers le ciel. (2)

« Et si Mgr l'évêque de Tarbes, à qui vous devez obéis-

(1) Ces deux dates font allusion, la première à l'année où fut frappée la médaille dite *miraculeuse,* la seconde à la définition de foi du privilège originel de Marie, par S. S. Pie IX, qui donna de ce mystère un nouveau type décrit dans notre *Iconographie Bordelaise de l'Immaculée Conception.*

(2) Déjà, par son décret du 27 août 1836, la S. Congrégation des Rites avait interdit d'exposer à la vénération *publique* des fidèles la Vierge immaculée, avec des rayons qui jaillissent de ses mains, symbole des grâces qu'elle épanchera plus tard, mais non au jour de sa création. D'abord *Mère du Christ,* ensuite *Mère de la divine grâce :* elle est la fixation de ces deux priviléges.

sance et appartient le droit de porter un jugement sur la réalité de votre vision à la grotte ; si, dis-je, Monseigneur avait jugé que vous vous étiez trompée, qu'auriez-vous répondu ? » — Jamais je n'aurais pu dire que je n'ai pas vu ni entendu ce qui a frappé mes yeux et mes oreilles.

. . . .

Pour ne point fatiguer Bernadette, qui relevait de maladie, je m'abstins de nouvelles questions. Alors elle s'est retirée, en nous saluant avec simplicité, et Madame la Supérieure nous fit part des observations que voici :

« Chacun peut se convaincre qu'il n'y a rien, dans le ton de cette jeune fille, qui décèle tant soit peu d'enthousiasme. Quand on l'interroge, elle répond en peu de mots, ne dit absolument que ce qu'il faut dire, et jamais ses réponses ne témoignent d'embarras ni d'hésitation ; elle paraît timide, mais elle n'est que sérieuse, du moins lorsqu'elle subit des interrogatoires dont elle se tire toujours avec honneur ; mais en récréation, elle est très gaie et ne s'entretient pas avec ses compagnes des visites qu'elle reçoit. Sa conduite est régulière, son âme a conservé toute la candeur et la naïveté du premier âge (Bernadette a aujourd'hui dix-huit ans), et son caractère, comme sa trempe d'esprit, la rendent incapable de supercherie. »

Pour moi, je le répète, je trouve une des plus fortes preuves de l'apparition à Bernadette dans la description que cette jeune fille en a donnée. Elle était illettrée, jamais elle n'avait ouï parler de l'Immaculée Conception ; ses parents, pauvres et sans culture intellectuelle, ne pouvaient savoir ce qu'ignorent la plupart de nos artistes ; enfin, il est facile de voir que l'imagination chez elle ne joue aucun rôle.

Qu'on le remarque bien : cette enfant n'a pas eu même la ressource d'une bonne peinture sous les yeux. Je l'avoue à regret, il est peu de toiles et de vitraux peints où le mystère originel de Marie soit dignement représenté. Nos artistes n'en ont pas saisi le côté poétique, ni la véritable physionomie. C'est ainsi qu'ils peignent la Vierge immaculée *sans voile*, *les pieds nus*, et revêtue d'une tunique *rouge*, emblême du *martyre*, ou d'une robe *violette*, symbole de la *pénitence* ! Ceux-ci la couronnent d'un diadême étincelant d'or et de pierreries, comme si la Vierge était Reine, avant de devenir la Mère du Christ et d'être associée à sa royauté ! Ceux-là font jaillir des rayons de ses mains, et nous avons dit en quoi ils se trompent ; d'ailleurs ce type s'écarte *de la manière dont on a coutume de peindre l'Immaculée Conception, depuis les temps les plus anciens* (1). En un mot, ce ne sont presque partout qu'anomalies, erreurs, contre-sens. Bernadette les a tous évités, sans étude possible ni préalable. Or, comment y est-elle parvenue, sinon par une sorte d'intuition miraculeuse ?

J'ai avancé que peu d'artistes avaient réussi à peindre le grand privilége de Marie. Je n'excepte pas même l'illustre Murillo, quoiqu'il se soit le plus rapproché du beau idéal de ce mystère (2). Du moins n'a-t-il donné à sa Vierge que des vêtements où la blancheur de la neige le dispute à l'azur des cieux ; mais au lieu de toucher la terre, elle semble s'élancer vers les plaines éthérées ; ses pieds sont nus ; pas de voile sur ses magnifiques cheveux qui flottent épars au gré du vent, c'est-à-dire autant de fautes contre l'esthétique de l'Immaculée Conception. Peut-être Murillo a-t-il manqué un peu de ce que l'on appelle le *sens chrétien*, résultat de la foi pratique et de fortes études religieuses. Quant à tous les peintres de l'école de Raphaël, qui a fait revivre un sensualisme

(1) C'est un des considérants de la prohibition relatée dans la note précédente.

(2) Voir le chapitre intitulé *les Madones*, dans le Parfum de Rome, Tome II.

païen, ou la beauté charnelle, dans les plus chastes figures du christianisme, il ont été rudement châtiés par la plume éloquente de nos meilleurs écrivains (1).

L'Evangile a dit : « Bienheureux les cœurs purs : ils verront Dieu. » Ce n'est pas seulement dans l'autre vie que cette promesse s'accomplira : dès celle-ci, les âmes droites et simples jouissent d'une vision anticipée des cieux et des beautés qu'ils renferment. C'est le secret du charme qu'on éprouve devant les tableaux de l'école mystique. Les œuvres d'Ange de Fiésole et d'Overbeck, par exemple, vous remuent délicieusement le cœur, en vous inspirant l'amour de la vertu ; tandis que celles de Raphaël, du Titien, de Mignard, et de leurs fades imitateurs, ne s'adressent qu'aux sens et à la matière. — La parole du maître me fait aussi comprendre comment de pauvres enfants peuvent être favorisés de célestes apparitions qui fourniraient à nos artistes les plus suaves types.

Tel est le second caractère de la vision de Bernadette, où les éléments d'une bonne représentation de l'Immaculée Conception de Marie vont s'offrir à nous.

III. *De la couleur des vêtements.* — A l'inverse de toutes les gravures coloriées que Bernadette avait peut-être vues, et dans lesquelles *l'art moderne* prodigue les tons les plus chauds, les plus éclatants, si en harmonie avec les goûts et les préférences des femmes de la campagne, cette jeune fille n'a observé que deux couleurs, plus sobres de nuances, dans les vêtements de la Vierge : le blanc

(1) MM. de Montalembert, Jouve, Rio, Louis Veuillot, Didron, Bouniol, etc, : *divers ouvrages sur l'art chrétien.* — Les artistes qui voudraient avoir une idée de la beauté surnaturelle de Marie, la trouveront dans les textes de saint Denis l'Aréopagite, saint Ambroise et saint Epiphane, recueillis par M. Ayma, *Histoire de la Sainte Vierge,* et dans ceux de saint Jean Damascène, Nicéphore Callixte, etc., publiés par M. Didron, *Guide de la peinture grecque.*

et le bleu. Telles sont, en effet, les deux couleurs symboliques de l'Immaculée Conception.

Le Saint-Siège les a consacrées il y a plus de trois siècles. « Que les habits et le scapulaire des religieuses Conceptionistes d'Espagne, dit Jules II, soient de couleur blanche pour attester la pureté virginale de l'âme et du corps de la Sainte Vierge Marie ; — et que leur manteau soit de couleur hyacinthe (ou bleu de ciel), à cause de sa signification mystique, c'est-à-dire pour attester que l'âme de la glorieuse Vierge Marie a été toute céleste dès le premier instant de sa création. »

Lorsque la Sainte Vierge apparut à la vénérable Béatrix de Sylva, fondatrice de cet Ordre, elle portait une belle tunique blanche, semée de fleurs d'or et couverte d'un riche manteau bleu (1).

On sait que les Prémontrés et les Dominicains, consacrés à Marie, portent l'habit blanc, parce que la blancheur est la couleur symbolique de sa pureté parfaite. C'est encore la couleur que doivent prendre les prêtres aux messes des fêtes de la Sainte Vierge. Pourquoi les peintres s'écarteraient-ils de l'esprit et des traditions de l'Eglise ?

Quant à la couleur hyacinthe, qui est celle du ciel, de l'air et de certains lacs formés par la fonte des neiges, par exemple le Lac bleu, dans les Pyrénées, elle signifie aussi une pureté limpide et toute céleste. Dans certaines contrées, on voue indistinctement les enfants au bleu ou au blanc, pour dire qu'on les voue à la Vierge.

Il résulte de ces observations que les habits rouges, jaunes, verts, etc, ne doivent jamais figurer dans une Immaculée Conception (2).

Ajoutons que la forme des vêtements aura de l'ampleur

(1) *Analecta juris pontificii*, 22ᵉ liv.

(2) Mᵍʳ Malou, *Iconographie de ce mystère*.

et sera pleine de naturel : en sorte que les exigences de la modestie et de la simplicité chrétienne soient également satisfaites. La belle composition de Murillo est, sous ce rapport, un modèle à imiter.

IV. *Du voile et de la ceinture.* — On pourrait concevoir à la rigueur une représentation de la Vierge sans voile ni ceinture, mais non sans tunique ou sans robe. Aussi, après avoir parlé de la couleur de ces trois vêtements, devons-nous exposer le symbolisme des deux premiers, qui figurent dans l'Apparition de Lourdes.

Les coutumes orientales, et, en particulier, celles de la Judée, ont toujours voulu que les femmes fussent voilées. Saint Paul et saint Luc le recommandent expressément. Le type de l'Immaculée Conception, donné par Pie IX aux évêques, le jour de la définition de ce dogme, représente la vierge voilée de telle sorte qu'on aperçoit, au-dessus du front, un étroit bandeau de cette chevelure qui ravissait l'époux des *Saints Cantiques.* D'après saint Épiphane, les cheveux de Marie étaient d'un blond doré, ce que nous appelons *le blond vénitien.*

Tertullien a composé un Traité spécial sur le voile que doivent porter les Vierges (1) ; il est, dit-il, le bouclier de leur pudeur, la sauvegarde de leur pureté. L'Eglise donne le voile aux religieuses, car il est encore le signe de l'autorité de Jésus-Christ sur ses épouses spirituelles (2). On voit enfin très peu de statues et d'images de la Sainte Vierge, antérieures au XVIe siècle, qui ne soient voilées. Mais alors il arrive que le voile, en se prolongeant au-dessous des épaules, forme une sorte de manteau, absolument comme est celui des premières communiantes ou

______

(1) *De Virginibus velandis.*

(2) 1ª ad Cor. XI. — On sait que Pie IX vient de faire don d'un morceau du voile de la Sainte Vierge à la nouvelle reine de Portugal.

des fiancées qui se présentent à l'autel. C'est ainsi que les jeunes filles portent leur *capulet* dans les Pyrénées. « Il serait bien difficile de donner de la grâce, de la dignité et de l'ampleur à la figure, lorsqu'on n'ajoute rien à la simple robe (1). » En résumé, les icones de la Vierge doivent porter au moins, outre la tunique ou la robe, le voile et le manteau, soit distincts, soit réunis.

Mais la ceinture est-elle requise ? Non ; cependant elle complète la signification du voile, comme symbole de modestie et de pureté. Le prophète Isaïe l'attribue à Notre-Seigneur. L'aigle de Pathmos a vu le Fils de l'homme et les Anges portant, sur leur tunique blanche, une ceinture d'or au-dessous du sein. — Qui ne connaît le cordon de saint Thomas d'Aquin ? — Avant de monter à l'autel, le prê_tre dit à Dieu, en serrant l'aube autour des reins avec un cordon : « O Dieu, ceignez-moi d'une ceinture de pureté. » Tous les corps religieux portent la ceinture ou la cordelière. Pourquoi donc ne pas donner à la Vierge ce vêtement que, d'ailleurs, elle portait ? On peut voir l'histoire d'une de ses ceintures dans le livre de M. Ayma, que nous avons déjà cité. La chapelle du château de Loches, fondée par le comte d'Anjou (Xe siècle), conserve cette précieuse relique, trouvée par Juvénal, patriarche de Jérusalem, et d'abord déposée à Constantinople, en 450, dans l'église de N.-D. des Blanquernes. Elle mesure 2 mètres de long sur 5 centimètres de large et est ornée d'un liseré blanc. Du reste, il est peu de peintres qui ne plissent à la taille par une cordelière ou une ceinture étroite, les robes de la Sainte Vierge.

V. *Du nimbe et de l'auréole.* — Bernadette n'a pas vu de couronne sur la tête de la Vierge Immaculée. C'est qu'en effet, cet emblème de puissance et de majesté n'ap-

(1) Mgr Malou, *loco cit.*

partient qu'à la Vierge-Mère. Il faut la remplacer, comme dans les meilleurs types de ce mystère, par une *gloire* ou par une *auréole* restreinte à la partie supérieure du corps. Beaucoup d'artistes ne donnent à Marie que cet ornement de la tête qu'on appelle le *nimbe ;* nous lui préférons l'auréole qui enveloppe tout le buste ; celle-ci figure mieux le rayonnement extérieur de la sainteté de l'âme. Si le nimbe orne spécialement la tête, c'est que là est le siége du cerveau et de la pensée, l'épanouissement des nerfs ou de la vie de sensation, et le centre de l'organisme ; c'est, en un mot, *le chef* de l'homme. Sans doute, l'âme se peint dans les yeux, sur le front, dans le sourire et tout le jeu de la physionomie ; mais ce n'est point assez pour celle qui s'est transfigurée en Dieu ; les splendeurs et les irradiations de la grâce prennent, en iconographie, une forme visible, et cette forme est le nimbe distinct de l'auréole, ou se confondant avec elle. Pie IX les a réunis dans son nouveau type de l'Immaculée Conception, parce qu'il est juste *d'illuminer* ce sein béni où le Christ a trouvé son premier trône en venant sur la terre. Les peintres ne sauraient mieux s'inspirer que de cet exemple.

Mais Bernadette a-t-elle vu cette gloire lumineuse autour de l'Apparition ? La *Notice* de M. l'abbé Fourcade n'en dit rien. Il me semble pourtant le lui avoir demandé, et, s'il m'en souvient, sa réponse aurait été affirmative. Toutefois, je n'ose pas l'assurer.

VI. *De la pose des mains.* — D'anciennes peintures nous représentent la Vierge ouvrant les deux bras à la hauteur du coude, et les élevant vers le ciel, dans la posture du prêtre à l'autel, pendant le Canon de la Messe. Nous avons vu une statue *moderne* de la Vierge, un bras levé au ciel, et l'autre abaissé vers la terre. La première de ces attitudes ne peut convenir qu'à une *Assomption ;* la seconde est d'un effet théâtral, et, par conséquent, de mauvais goût. Le type de la médaille *Miraculeuse*, que tout le monde connaît, peut être reproduit, abstraction faite des rayons. Une médaille frappée à Rome en 1854 nous montre la Vierge Immaculée tenant abaissées ses deux mains ouvertes. Nous lui préférons, avec Mgr Malou, le type de la gravure donnée par Pie IX aux évêques, le 8 décembre de cette même année. La Vierge n'attire pas encore les hommes vers le Fils qui naîtra d'elle ; mais, jointes devant la poitrine, ses mains semblent indiquer à la grâce le chemin de son cœur, ou l'empêcher, précieux arôme, de s'évaporer de ce vase d'or. C'est donc l'attitude de la prière qui convient le mieux à l'Immaculée Conception, et c'est ainsi que Bernadette l'a vue.

Quant aux regards, ils suivront le mouvement des mains, et leur éclat sera toujours modestement tempéré sous le voile de la paupière.

Une dernière observation sur le chapelet. Faut-il l'introduire dans l'iconographie de ce mystère ? — Non, régulièrement. Je n'excepte que le cas de l'apparition de Lourdes, parce qu'alors le chapelet a une valeur, un cachet historique ; partout ailleurs, ce serait un anachronisme. La Vierge n'en a pas fait un symbole de son grand privilége ; elle ne s'en est servie que pour encourager Bernadette, comme il résulte du récit de cette enfant. Du reste, nulle prière ne se rapporte mieux, après coup, au mystère que nous étudions. Avec l'Ange, nous saluons Marie absolument pleine de grâce, dès le premier instant de sa création : *Ave, gratiâ plena*, parce que le Seigneur devait résider en elle : *Dominus tecum* ; et, qu'à ce double titre, elle a été bénie *entre toutes les femmes*. L'Incarnation du Verbe était la seule raison d'être de l'Immaculée Conception de Marie. Aussi, par une singulière coïncidence, c'est le 25 mars, fête de l'Annonciation, que la Vierge dit son nom à Bernadette, mais le nom qu'elle avait dans le secret de Dieu, avant de naître et de s'appeler Marie. Quel rapprochement! et comment Bernadette l'aurait-elle inventé? (1)

VII. — *Des pieds et des roses qui les couvrent.* — Jamais la Vierge ne doit avoir les pieds *entièrement nus ;* c'est contraire à toutes les traditions de la primitive Eglise et du moyen-âge. Clément d'Alexandrie, au IIme siècle, blâmait la nudité des pieds, chez les femmes, comme contraire à la modestie. La gravure de Pie IX donne à Marie la chaussure antique ou les sandales. Oserai-je dire que je préfère les roses de l'Apparition? Nous supposons, en effet, que la Vierge n'a pas fait encore son premier pas sur la terre ; par conséquent, ses vêtements et sa chaussure ne sont que symboliques; mais, dans ce cas, n'est-il pas plus gracieux et plus poétique de dissimuler sous des roses la nudité de ses pieds?

N'oublions pas que cette fleur joue un grand rôle dans l'iconographie de la Sainte Vierge. Les apôtres en trouvèrent dans son tombeau. Tous les peintres ont semé des roses, tantôt sous ses pas, tantôt sur ses vêtements. Le mois des roses de mai est aussi le beau mois de Marie. Dans toutes les apparitions de la Vierge, il y a de ces suaves productions de la terre. Pourquoi? c'est qu'on appelle Marie la *Rose mystique* et que l'Ecriture la compare à celle du printemps et de Jéricho ; puis nul autre emblème n'exprime aussi bien la fraîcheur, l'éclat et le parfum de ses vertus. Saint Pierre Damien dit que Marie est la rose issue des épines du judaïsme, et qu'elle embaume l'univers de ses divins arômes. Par un nouveau contraste, elle apparaît à Lourdes au milieu d'un buisson et d'un églantier (le rosier sauvage). Enfin, à la différence des

______

(1) Connaître sert beaucoup pour inventer, disait Mme de Staël. Or, que savait Bernadette, pauvre enfant illettrée? absolument rien.

roses naturelles qui ne portent pas de fruit, le *lis des champs*
a pour ainsi dire germé de *la rose des vallées : Benedictus
fructus!* Plusieurs vitraux du moyen-âge, qui figurent
l'Arbre de Jessé, nous le montrent se terminant par une
rose qui sert de trône à Marie avec son fils dans ses bras.
Quelquefois elle est seule, mais alors au-dessus d'elle
croît un bouton de rose qui devient l'Enfant Jésus. Aussi
peut-elle toujours dire : « Mes fleurs sont des fruits
d'honneur et de vertu (1). »

Elle a donc réalisé ce que dit encore l'Ecclésiastique :
« Fructifiez comme la rose plantée le long des ruisseaux ;
et, répandant une odeur de suavité, épanouissez-vous en
grâce : *frondete in gratiam.* » — Ce dernier mot achève
de justifier l'application. La rose est bien la fleur la plus
gracieuse des champs et de nos parterres ; de même la
Vierge Immaculée est, selon l'expression de saint Jean
Damascène, *la bonne grâce du genre humain.* Saint An-
selme ajoute qu'elle est une rose pleine de charmes célestes.

Outre la raison de modestie que nous avons donnée,
ne pourrait-on voir, dans cet ornement des pieds de l'Apparition, un nouveau symbolisme ? Il me semble exprimer
que la Vierge, dès son entrée dans la vie, apporte avec
elle toutes les belles et bonnes choses dont la rose est le
merveilleux emblème.

Enfin pourquoi des roses jaunes ? —Bernadette n'a pas
trouvé d'autres termes pour rendre d'abord sa pensée,
n'ayant jamais vu de roses d'or ; mais elle nous a dit que
ces fleurs avaient la couleur et l'éclat de la chaîne du chapelet. Par conséquent, elles étaient toutes brillantes, et
ces roses du ciel ne pouvaient avoir qu'une vague ressem-
blance avec celles de la terre. On remarquera d'ailleurs
combien le Rosaire, entre les mains de l'Apparition, est

(1) Eccl. 24.

en harmonie avec le symbolisme chrétien de la reine des fleurs (1). Ainsi autour de la tête, dans les mains et sur les pieds de la Vierge, l'or s'ajoute au blanc et au bleu de ses vêtements, qu'il parsème d'étoiles ou de fleurons dans les belles peintures de l'école mystique. Cet or, en exprimant l'abondance des dons célestes dont elle fut enrichie, complète la signification de ses couleurs.

Il n'est pas inutile de rappeler que les Papes ont été dans l'usage de bénir une rose d'or, le 4e dimanche du carême, au moins depuis le Xe siècle. En 1050, S. Léon IX fonda une rente pour la fabriquer. Cette rose est envoyée à une princesse catholique ou bien à une église célèbre. Pie IX nous a donné la rose d'or par excellence dans la définition de l'Immaculée Conception.

VIII. — *Physionomie de la Sainte Vierge.* — La Reine des Anges doit avoir, en iconographie, deux physionomies distinctes, selon qu'elle est représentée avant ou après sa maternité. L'âge de transition est sa quinzième année. Auparavant, c'est l'enfant ou la jeune fille pleine de candeur et d'ingénuité, modeste et gracieuse, le sourire sur les lèvres, le regard limpide, le front sans nuages ; elle est, avons-nous dit d'après un Père de l'Eglise, *la bonne grâce de la nature humaine,* ou, comme Esther, *admirablement belle et gracieuse, aimable et agréable à tous ceux qui la voyaient.*

C'est sous des traits aussi ravissants qu'elle se montre à Bernadette. Et nous avons vu combien tout son costume est en harmonie avec ce type ! Une blancheur de neige, des roses, l'hyacinthe et l'or confondent leurs nuances et marient leur reflets sur ses vêtements. Ne sont-ce pas là les couleurs aimées de l'enfance et de l'extrême jeunesse?

___

(1) C'est surtout à Notre-Dame du Rosaire que s'applique cette parole de l'Ecriture : *Elle est comme une plantation de roses.*

Mais depuis qu'elle est devenue mère, et, par conséquent, prédestinée à voir mourir son Fils, Marie, tout en
retenant le cachet de sa candeur virginale et de sa parfaite modestie, prendra une physionomie plus grave. Si
elle a les joies de la maternité, elle en a aussi les préoccu-
pations. D'ailleurs, une autre responsabilité lui incombe :
je veux dire la sollicitude du salut des hommes, dont elle
sera la mère adoptive. En un mot, cette double maternité lui met au front le poids d'une couronne, et l'on con-
çoit que la figure de Marie revête une expression plus
imposante, plus majestueuse (1), qui s'ajoute aux charmes de la Vierge Immaculée.

L'apparition de Lourdes a consacré cette distinction.
Aussi, toutes les fois que Bernadette en a été favorisée,
elle tombait en extase ; les assistants remarquaient la
transformation de son visage pendant qu'elle priait ; mais
il leur était impossible d'apercevoir cet être mystérieux
qui absorbait tous les sentiments de la jeune fille (2). Seulement elle disait ensuite qu'elle avait vu la Vierge lui
sourire. En cela, elle a été plus heureuse que Mélanie.
à qui la Sainte Vierge ne s'est montrée que baignée de
larmes.

La raison de cette différence, dont les peintres devront
tenir compte dans leurs tableaux de ces deux apparitions,
c'est qu'à la Salette, Marie est chargée d'une mission dou-
loureuse : elle annonce les châtiments du ciel irrité par
la violation du dimanche et l'habitude du blasphème. A
Lourdes, au contraire, elle promet le pardon ; c'est une
messagère de paix et de réconciliation, comme la douce
colombe qui sortit de l'arche après les grandes eaux du
déluge. On sait tout ce que notre bien-aimé Pie IX a

(1) Le meilleur type en ce genre est celui de la Madone attribuée
à S. Luc, qui se conserve à Sainte Marie-Majeure. *Parfum de Rome,*
T. N.

(2) Notice de M. l'abbé Fourcade.

fondé de légitimes espérances sur la définition de foi de l'Immaculée Conception, qui se place entre les deux faits de la Salette et de Lourdes. Eh bien, ce dernier nous semble consacrer ses espérances, alors qu'il nous révèle Marie souriant à la terre et nous engageant à prier pour les pécheurs. Autrefois Dieu disait à Moïse : « N'intercède pas pour mon peuple... » Et Notre-Seigneur lui-même n'a pas voulu prier pour le monde. Mais la Vierge de Lourdes nous promet la miséricorde, et son pèlerinage contribuera sans doute à éloigner de nous les mauvais jours que nous appréhendions.

En terminant ce rapprochement sur les apparitions dont Mélanie et Bernadette ont été favorisées, répétons avec foi la parole du Sauveur : « Je vous bénis, ô mon Père, de ce que vous avez caché toutes ces choses aux sages et aux prudents de ce monde, et les avez révélées aux petits. » (1)

Bordeaux, 5 Octobre 1862.

L'abbé CORBIN.

(1) S. Matt. XI

APPENDICE.

Notre brochure était sous presse, lorsqu'il nous est tombé sous la main un article de notre concitoyen et ami, M. Auguste Nicolas, sur le cachet spécial de la beauté de Marie. En confirmation de ce que nous avons dit, on nous permettra de le reproduire, sinon textuellement, du moins sous forme d'analyse.

Le Beau est la splendeur du Vrai, comme le Bien en est le terme. Par conséquent, le Beau est immatériel, comme le Vrai, comme le Bien. Les beautés sensibles de la nature ou de l'art sous lesquelles il nous affecte ici-bas, ne tiennent pas de lui en tant que *sensibles*, mais en tant que *belles*. Il reluit en elles comme l'âme dans le corps, leur donnant sa beauté et en recevant sa manifestation pour se produire au-dehors. Comment s'opère cette alliance de la Beauté immatérielle et de ses formes sensibles, et comment l'intermédiaire de celles-ci est-il nécessaire pour *l'extérioration* du Beau? Mystère! — Toujours est-il que le Beau est distinct de ses formes. Il subsiste en Dieu, immatériel, sans forme, et d'autant plus lui-même, d'autant plus Beau.

Puisque Dieu est le Vrai et que le Beau en procède, il s'ensuit que le Verbe est le Beau infini, splendeur du Père, éclat de la lumière éternelle. Ce beau infini est donc l'idéal, la source du Beau fini dans la nature, la poésie et les arts. C'est le pressentiment, la révélation que nous en a donné le Christianisme, et que le Paganisme ne pouvait même soupçonner. De là, une aspiration ardente vers ce Beau céleste, une tristesse indicible au milieu de toutes les formes éphémères sous lesquelles il nous affecte ici-bas, quand elles ne nous ramènent pas à leur type et à leur auteur.

Or ce qui produit en nous cette aspiration, c'est surtout l'attrait surnaturel du Beau ou sa *grâce*, opérant l'union de l'âme et le contact du cœur avec sa perfection adorable.

La beauté, même dans l'ordre naturel, agit sur nous par la bonne grâce qui en est la séduction :

Et la grâce plus belle encor que la beauté.

La beauté divine a également sa grâce, à laquelle rien ne résiste. Seulement, au lieu que la grâce de la beauté créée agit sur nous par l'entremise des sens, la grâce de la beauté divine agit surnaturellement ; mais son effet est le même : c'est un *attrait*.

Toutefois le Beau infini ne pouvant nous affecter qu'en vertu d'un mystère sensible, qui en est le foyer au milieu de nous, l'Idéal s'est fait visible ; en d'autres termes, le Verbe s'est fait chair. Le Beau essentiel, en tant qu'objet de l'art, est donc le Christ, considéré en lui-même, ou vivant en Marie.

Marie est la mère du Beau infini manifesté dans le fini. Ce Beau est une fleur dont elle est la tige. Saint Bernard s'écriait : *Jesu, flos matris Virginis !*... Tout ce que cette fleur exhale de poésie est en Marie comme dans sa première émanation ; seule elle l'a reçu tel qu'il est en lui-même, dans cette Beauté essentielle qui ravit les anges. Les autres artistes n'ont perçu et rendu qu'un trait, qu'une note de l'Idéal dont la Vierge a conçu et produit la pleine réalité.

Marie est encore, par conséquent, la première œuvre ou le chef-d'œuvre de ce Beau incarné en elle. Il l'a germée spirituellement par sa grâce, comme il en a été germé corporellement. C'est pourquoi, devant descendre en elle, il l'a prévenue de sa grâce dès sa conception ; il l'a embellie avec tout l'art d'un Dieu et tout l'amour d'un Fils, comme la substance de laquelle il voulait être fait. Etant *pleine de grâce,* elle fut aussi *toute belle,* et comme on a appelé Marie la *sainteté créée,* on peut l'appeler la *Beauté créée,* ou la beauté par excellence entre toutes les filles d'Eve. A elle s'appliquent surtout ces textes de l'Ecriture : « La femme sainte et pudique est une grâce qui passe toute grâce. » Et : « Comme le soleil se levant sur le monde dans les hauteurs de Dieu, ainsi la chaste beauté d'une femme vertueuse est l'embellissement de sa maison. » Or, Marie, dit l'Eglise, les a toutes surpassées.

Mais, on le voit, le fond l'emporte ici sur la forme, qui était maîtresse dans l'art païen, tandis que dans l'art chrétien elle n'est plus qu'une humble servante. Et c'est ainsi qu'on doit représenter Marie : non plus comme Raphaël ; en faisant prévaloir la beauté sensuelle ; mais comme les peintres des catacombes, du moyen-âge et de l'école mystique, dont les œuvres proclament la supériorité de l'expression sur la forme, de l'esprit sur la matière, de la grâce divine sur la grâce humaine. Alors nous aurons l'Art pour le Vrai, le Beau et le Bien.

Concluons avec le Prophète royal : « Et maintenant, ô *Marie!* par votre grâce et votre beauté, allez, faites vos conquêtes et régnez ! »